The 1803 Series
WORKBOOK
Grades K-2
For books 1 and 2

By Berwick
Augustin

Copyright © 2019 by Berwick Augustin
Published by Evoke180 Publishers
Lauderhill, Florida
www.evoke180.com

Printed in the United States of America

Edited by Fanes Priva and Berwick Augustin
ISBN-13: 978-0-9991822-3-9

Berwick "Underscore" Augustin is a writer and educator whose work can be described as a sponge that has been soaked with a strong blend of culture and spirituality. He is the founder of Evoke180 LLC, a literary movement that uses poetry and theater to fuse the arts and multiculturalism into well-blended body of works to edify the international community.

Berwick Augustin is available for lectures, readings, live performances, and writing workshops. For more information regarding his availability, please visit www.evoke180.com or call 786-273-5115

Key Ideas and Details

*Read and show page 1-2 in **1803-The Haitian Flag** as the children listen carefully
1. **What does the picture show?**

_____

_____

_____

2. **What do we learn about Pouchon here?**

_____

_____

_____

Remind students that major events are the most important events that happen in a story.
3. **What is the major event on pg 2-3?**

_____

_____

_____

*Read page 1-2 in 1803-The Haitian Flag as the children listen carefully
4. **Who is in the story and what is going on?**

_____

_____

_____

_____

Craft and Structure

Introduce to children that authors and illustrators work together to tell a story. The author writes the words and illustrator draws the pictures that go with the words.

*Point to the book cover and have children provide frames to help:
1. The author of "1803-The Haitian Flag" is

_____

2. "1803-The Haitian Flag" is written by

_____

3. "1803-The Haitian Flag" is illustrated by

_____

Look at the picture on the cover.
    4. What details about the characters do you see?

_____

_____

_____

Integration of Knowledge

Tell children they will compare and contrast characters by thinking about what they do, say, and feel. Explaining this helps readers better understand the characters.

Read page 1-2 in 1803-The Haitian Flag as the children listen carefully
    1. **Do Pouchon and Natacha feel the same way or different about the Haitian Flag celebration? Why?**

_____

_____

_____

_____

_____

_____

Read page 14 in 1803-The Haitian Flag as the children listen carefully
    2. **What do Pouchon and Natacha do that is the same?**

_____

_____

_____

_____

_____

_____

_____

_____

_____

_____

Lide Kle ak Detay

* Li epi montre paj 1-2 nan **1803 - Drapo Ayisyen** pandan timoun yo ap koute ak anpil atansyon

1. **Ki sa foto a montre?**

_____
_____
_____

2. **Ki sa nou aprann sou Pouchon isit la?**

_____
_____
_____
_____

Raple elèv yo ke evènman Majè yo se evènman ki pi enpòtan ki rive nan yon istwa.

3. **Ki pi gwo evènman ki genyen nan paj 2-3?**

_____
_____
_____
_____

* Li paj 1-2 nan 1803 –Drapo Ayisyen pandan timoun yo ap koute ak anpil atansyon

4. **Ki moun ki nan istwa e kisa k'ap pase?**

_____
_____
_____

Atizana ak Estrikti .

Entwodwi timoun ke otè yo ak ilistratè a travay ansanm pou rakonte yon istwa. Otè a ekri mo yo epi ilistratè a trase foto ki ale ak mo yo.

* Montre Timoun yo kouvèti liv la a epi fè yo bay ankadreman Ki kapab ede:

1. Otè "**1803-Drapo Ayisyen an**" se

_____

2. "**1803-Drapo Ayisyen an**" ekri pa

_____

3. "**1803-Drapo Ayisyen an**" ilistre pa

_____

Gade foto ki sou kouvèti a.

    4 . **Ki detay ou wè sou karaktè yo?**

_____
_____
_____
_____

Entegrasyon nan konesans

Di timoun yo y'ap konpare e fè diferans ak karaktè yo pandan ke nap panse sou sa yo fè, di, epi santi. Eksplike ke sa a ede lektè yo pi byen konprann karaktè yo.

Li paj 1-2 nan 1803-- **Drapo Ayisyen an** pandan timoun yo ap koute ak anpil atansyon

    1. Èske Pouchon ak Natacha santi yo menm jan oswa diferan sou zafè selebrasyon drapo Ayisyen an? Poukisa?

_____
_____
_____
_____
_____

Li paj 14 nan 1803-Drapo Ayisyen an pandan timoun yo ap koute ak anpil atansyon
    2. Ki sa Pouchon ak Natacha fè ki se menm bagay?

_____
_____
_____
_____
_____
_____
_____
_____

Response Journal

READ, WRITE, AND REFLECT

Name:_____   Date:_____

When you're excited about something, who do you normally run to share the news with?

_____
_____
_____

Is there anything about your culture that excites you?

_____
_____
_____
_____

Choose one of the following responses:
*Draw the person(s) you share exciting news with.
*Write a note, poem, or song to that person(s) to let them know how much you appreciate them.

(Kinder) 1803-The Haitian Flag: Student Journal Response to Page 1

Jounal Repons lan

Non: _____ **Dat:** _____

Lè yon bagay fe ou kontan, ak ki moun ou abitye kouri pataje nouvèl la?

_____
_____
_____
_____

Èske pa gen anyen sou kilti ou ki motive ou?

_____
_____
_____
_____
_____

Chwazi youn nan repons sa yo:
* Trase moun ou abitye pataje nouvèl enteresan ou yo.
* Ekri yon nòt, powèm, oswa yon chan pou moun sa a pou fè li konnen kijan ou apresye li.

(Jadendanfan) 1803-Drapo Ayisyen an : Repons elèv yo pou paj 1

Key Ideas and Details

Remind children that they can retell a story by asking questions to determine the important details in the story. Read and show Page 3 in **1803-Black Freedom** as the children listen carefully
  1. What happens at the beginning when Liberis picks up Pouchon from school?

_____

_____

_____

Read and show Page 19 in **1803-Black Freedom** as the children listen carefully
  2. What happens next, once Pouchon's parents taught him about his culture and soccer?

_____

_____

_____

_____

Read and show Page 22 in **1803-Black Freedom** as the children listen carefully
  3. What happens at the end that makes Pouchon feel better?

_____

_____

_____

_____

Craft and Structure

Help the students identify the features of a story. Hold up the book and quickly flip through the pages as you ask the following questions:
  1. Is this text long or short?

_____

  2. What do you see on the pages besides words?

_____

  3. Who are the characters?

_____

  4. What is the setting?

_____

  5. What event is happening?

_____

_____

_____

  6. What type of text is _1803-Black Freedom_?

_____

Integration of Knowledge

Tell Children that authors give reasons to explain important ideas. Read aloud page 21 in *1803-Black Freedom*

    1. Why does the author thinks Pouchon's family helped him with his soccer tryouts?

_____

_____

_____

_____

    2. What is a reason that tells why Liberis believed it's important for his kids to learn about their history and culture?

_____

_____

_____

_____

    3. How are *1803-The Haitian Flag* and *1803-Black Freedom* different? How are they the same?

_____

_____

_____

_____

_____

_____

_____

_____

_____

_____

_____

_____

_____

_____

JADENDANFAN (1803-Libète Nwa)

Lide kle ak detay

Raple timoun yo ke yo ka rakonte yon istwa lè yo poze kesyon pou detèmine detay enpòtan yo nan istwa a. Li epi montre paj 3 nan **1803-Libète Nwa** pandan timoun yo ap koute ak anpil atansyon.

1. Kisa ki pase nan kòmansman an lè Liberis al cheche Pouchon nan lekòl?

_____

_____

_____

Li epi montre paj 19 nan **1803-Libète Nwa** pandan timoun yo ap koute ak anpil atansyon.
2. Ki sa ki pase apre paran Pouchon te anseye'l sou kilti'l e foutbòl?

_____

_____

_____

Li epi montre paj 22 nan **1803-Libète Nwa** pandan timoun yo ap koute ak anpil atansyon.
3. Kisa ki pase nan fen an ki fè Pouchon santi l pi byen?

_____

_____

_____

Atizana ak Estrikti

Ede elèv yo idantifye karakteristik yon istwa. Kenbe liv la epi pase paj yo byen vit pandan w ap poze kesyon sa yo:
1. Èske tèks sa a long oswa kout?

_____

2. Ki sa ou wè nan paj yo apa mo yo?

_____

3. Ki moun ki karaktè yo?

_____

4. Ki anviwònman an?

_____

5. Ki evènman k ap pase?

_____

_____

6. Ki kalite tèks *1803-Libète Nwa ye*?

_____

_____

_____

Entegrasyon nan konesans

Di timoun yo ke otè yo bay rezon pou eksplike lide enpòtan yo. Li awotvwa paj 21 nan *1803 Libète* Nwa.

1. Poukisa otè a panse ke fanmi Pouchon ede l antre nan ekip foutbòl l la?

_____

_____

_____

2. Ki rezon ki eksplike poukisa Liberis kwè li enpòtan pou timoun li yo aprann istwa ak kilti yo?

_____

_____

_____

3. Kijan *1803-Drapo Ayisyen* ak *1803- Libète* **Nwa** diferan? Ki jan yo menm jan?

_____

_____

_____

_____

_____

_____

_____

_____

_____

_____

_____

_____

_____

_____

_____

Response Journal

READ, WRITE, AND REFLECT

Name:_____   Date:_____

What do you do when you feel sad, gloomy, or defeated?

_____
_____
_____

How do you think your mood affect other people around you?

_____
_____
_____
_____

<u>Choose one of the following responses:</u>
*Illustrate and explain the feelings that were mentioned above and your response to them.
*Write a note, poem, or song to bring you joy or a smile on someone else's face.

(Kinder) 1803-Black Freedom: Student Journal Response to page 3-4

Jounal Repons lan
LI, EKRI E REFLECHI

Non: _____   Dat: _____

Kisa ou fè lè ou santi ou tris, sonb, oswa venki?

_____
_____
_____

Ki jan ou panse atitid ou afekte lòt moun bò kote ou?

_____
_____
_____
_____
_____

Chwazi youn nan repons sa yo:
* Montre ak eksplike santiman ki te mansyone nan keksyon avan yo ak repons ou yo .
* Ekri yon nòt, powèm oswa yon chan pou pote ou lajwa oswa yon souri nan figi yon lòt moun.

(Jadendanfan) 1803- Libète Nwa: Repons elèv yo pou paj 3-4

Key Ideas and Details

In a story, sometimes the author wants the reader to learn an important lesson or message of the story. That message is called the central message.

1. **Choose the three most important events from the story. Cross out the other events.**

~She made sure her kids understood that culture is all the things that make a group of people special.

~They recognized how important it is to learn about who they are and where their family come from.

~Most of the kids never saw their daddies, mommies, brothers, or sisters ever again.

~"What's a slave?" Pouchon asked.

~Everything on the Haitian flag mean something important to our people.

2. Write the message of the story

_____

_____

_____

_____

Craft and Structure

Inform students that the narrator is the person telling a story. The narrator can be a character in the story or the author of the story. **Read aloud page 4 of** *1803-The Haitian Flag.*

1. Do you hear the words I, me, my, or we?

_____

2. Did the narrator tell about himself or other characters?

_____

3. Who is the narrator of page 4?

_____

Integration of Knowledge

Explain to the scholars that an experience is something a character does or learns (going to school, playing a sport). An adventure is an experience that is exciting, daring, or unusual (riding a horse, far away trip).

Display and reread page 11 of *1803-The Haitian Flag*. Have children look carefully. Then prompt:
  1. What do the pictures show about how the characters feel?

_____

_____

_____

_____

Explain that the pictures, not the text, show the people's feelings. Then display page 17 of *1803-Black Freedom*. Prompt.
  2. What do the pictures show about how the people feel?

_____

_____

_____

  3. Have children tell how the people in both stories are the same. Point out that looking carefully at picture details help readers make this comparison.

_____

_____

_____

_____

_____

_____

_____

_____

_____

_____

Lide Kle ak Detay

Nan yon istwa, pafwa otè a vle lektè a aprann yon leson enpòtan oswa mesaj nan istwa a. Mesaj sa a rele mesaj santral la.

1. Chwazi twa evènman ki pi enpòtan nan istwa a. Travèse lòt evènman yo.

~ Li te fè sèten pitit li yo konprann ke kilti se tout bagay sa yo ki fè yon gwoup moun espesyal.

~ Yo rekonèt kijan li enpòtan pou aprann sou kiyès yo ye epi ki kote fanmi yo soti.

~ Pifò nan timoun yo pa janm wè papa yo, manman, frè, oswa sè yo ankò.

~ "Kisa esklav ye?" Pouchon mande.

~ Tout bagay sou drapo Ayisyen an vle di yon bagay enpòtan pou pèp nou an.

2. Ekri mesaj istwa a

_____
_____
_____

Atizana ak Estrikti

Enfòme elèv yo ke yon naratè se moun ki rakonte yon istwa. Naratè a kapab yon karaktè nan istwa a oswa otè a nan istwa a. **Li ak gwo vwa paj 4 nan** *1803-Drapo Ayisyen an.*

1. Èske ou tande pawòl mwen, pou mwen, oswa nou?

_____

2. Èske naratè a te pale de tèt li oswa lòt karaktè yo?

_____

3. Ki moun ki naratè nan paj 4?

_____

Entegrasyon nan Konesans

Eksplike entelektyèl yo ke yon eksperyans se yon bagay yon karaktè fè oswa aprann (ale nan lekòl la, jwe yon espò). Yon avanti se yon eksperyans ki enteresan, oze, oswa dwòl (monte yon chwal, ale nan yon vwayaj byen lwen).

Montre ak reli paj 11 nan *1803-Drapo Ayisyen an*. Fè timoun yo swiv ak anpil atansyon, e mande:
1. Kijan foto yo montre fason karaktè yo santi yo?

_____

_____

_____

_____

Eksplike foto yo olye de tèks la ki montre santiman moun nan. Lè sa a, montre paj 17 nan *1803-Libète Nwa*
2. Kisa foto yo montre sou jan moun yo santi yo?

_____

_____

_____

_____

3. Fè timoun yo di kijan moun ki nan tou de istwa yo menn jan. Montre ke lè yo gade yon detay ak anpil atansyon nan yon foto, li ede lektè a fè konparezon sa a.

_____

_____

_____

_____

_____

_____

_____

_____

_____

_____

_____

_____

_____

_____

Response Journal

Name:_____ Date:_____

Who or where do you go to when you have questions about a topic?

_____

_____

_____

Explain how it makes you feel when you don't know something.

_____

_____

_____

_____

Choose one of the following responses:
*Draw how you feel when you don't know something.
*Write a poem or song about the frustration of not knowing something.

(1ˢᵗ Grade) 1803-The Haitian Flag: Student Journal Response to page 2

Jounal Repons lan
LI, EKRI, E REFLECHI

Non: _____ **Dat:** _____

Kot ki moun oswa ki kote ou ale nan lè ou gen kesyon sou yon sijè?

_____
_____
_____
_____

Eksplike kijan li fè ou santi ou lè ou pa konnen yon bagay.

_____
_____
_____
_____

Chwazi youn nan repons sa yo:
* Trase kòman ou santi ou lè ou pa konnen yon bagay .
* Ekri yon chan oswa yon powèm sou fristrasyon ou santi lè ou pa konnen yon bagay.

(Premye Ane) 1803-Drapo Ayisyen an: Repons elèv yo pou paj 2

18

Key Ideas and Details

Remind the students that connect means to fit together. Events and ideas in informational text can connect in different ways. Describing connections between events and ideas help you understand and remember key details. Tell the children to listen for connections as you read aloud pages 8-9. Then prompt:

1. What does Liberis tell Natacha?

_____

_____

_____

2. What does Natacha feel or say after her father's warning?

_____

_____

_____

_____

3. How are the warning and Natacha's feelings connected?

_____

_____

_____

_____

_____

4. What kind of connection exist in the following sentences:
   The next day at school, Pouchon finds out he earned a spot on the soccer team! Later that day, his family celebrates with soccer cupcakes and Haitian soda.

_____

_____

Craft and Structure

Explain to students when they read a hard word, they can ask questions to figure out its meaning. Tell them to figure out the meaning of the word *mounted*. Read aloud page 15 of *1803-Black Freedom*.

"On November 18th, 1803, Dessalines ordered Francois Capois to lead Haitian soldiers to take over the last French based called Fort Vertieres. Capois *mounted* on his great horse and charged towards storms of bullets and cannons!" recalls Liberis.

1. What do the words in the sentence tell about *mounted*?

_____

_____

_____

2. What does the picture show about mounted?

_____

_____

_____

_____

3. What do you know about the word mounted from this evidence?

_____

_____

_____

_____

Integration of Knowledge

Point out that key idea tells the author's opinion, or what he/she thinks or feels about the topic. Reasons are facts or examples that support or explain why the author has the idea.

Circle the sentence that tells one of the author's key points.

1. Family is important to a child's success.
2. Soccer is the best sport.
3. Liberis has a close relationship with Pouchon.

Write one reason that author gives to support the point.

_____

_____

_____

_____

_____

_____

_____

Lide Kle ak Detay

Raple elèv yo ke konekte vle di pou yo fè yon sèl. Evènman ak lide nan yon tèks enfòmasyonèl ka konekte yo nan diferan fason. Dekri koneksyon ant evènman ak lide ede ou konprann pi byen epi sonje detay kle yo. Di timoun yo koute e konekte pandan w'ap li awotvwa paj 8-9. Mande yo:

1. Ki sa Liberis di Natacha?

_____

_____

_____

2. Kisa Natacha santi oswa di apre avètisman papa l la?

_____

_____

_____

3. Kijan avètisman an ak santiman Natacha a konekte?

_____

_____

_____

_____

4. Ki kalite koneksyon ki egziste nan fraz sa yo:
   Nan demen nan lekòl la, Pouchon jwen yon plas nan ekip foutbòl la! Nan pita nan menm jou sa a, fanmi l selebre ak ti gato foutbòl ak kola Ayisyen.

_____

_____

Atizana ak Estrikti

Eksplike pou elèv yo lè yo li yon mo difisil, yo ka poze kesyon pou evalye sans li. Di yo pou yo jwenn siyifikasyon mo *"monte"* a. Li awotvwa paj 15 nan **1803- Libète Nwa.**

"Nan dat 18 Novanm 1803, Dessalin te bay Franswa Kapwa lòd pou mennen solda Ayisyen yo al pran dènnye baz Fransè ki rele Fòt Vètyè. Kapwa *monte* sou gwo chwal li epi li pran direksyon pou tanpèt bal ak kanon!" sonje Liberis.

1. Kisa mo yo di sou *"monte?*

_____

_____

_____

2. Ki sa foto a montre sou monte?

_____

_____

_____

3. Kisa ou konnen sou mo "monte" nan prèv sa a?

_____

_____

_____

_____

_____

_____

Entegrasyon nan Konesans

Montre pwen kle sou opinyon otè a, oswa sa li panse oubyen santi sou sijè sa a. Rezon se reyalite, egzanp ki sipòte, oswa esplike poukisa otè a gen lide a.

Fè yon ti wonn sou fraz ki di youn nan pwen kle otè a.

1. Fanmi enpòtan pou siksè yon timoun.
2. Foutbòl se meyè espò.
3. Liberis gen yon relasyon sere avèk Pouchon.

Ekri yon rezon ke otè a bay pou sipòte pwen an.

_____

_____

_____

_____

_____

_____

Response Journal

Name:_____   Date:_____

Who is the one person who can make you feel better when you're not happy?

_____

_____

_____

If you were Natacha, would you stop teasing your brother if you knew how sad he really felt? Why or why not?

_____

_____

_____

_____

Choose one of the following responses:
 *If you can show others how you feel inside when you are being teased, what would that drawing look like? Illustrate that emotion.
 *Write a note, poem, or song about how you feel inside when you are being teased.

(1ˢᵗ Grade) 1803-Black Freedom: Student Journal Response to Page 5

Jounal Repons lan
LI, EKRI, E REFLEKT

Non: _____   **Dat:** _____

Kiyès ki se yon sèl moun ki ka fè ou santi ou pi byen lè ou pa kontan?
_____
_____

Si ou te Natacha, èske ou t'ap sispann anmède frè ou si ou te konnen ki jan li te vrèman santi li
tris? Poukisa ou t'ap sispann oswa poukisa ou pa t'ap sispann?
_____
_____
_____
_____
_____

Chwazi youn nan repons sa yo:
* Si ou te ka montre lòt moun kijan ou santi andedan lè yon moun ap takinen'w, kijan ou ta fè desen
sa sanble? Montre emosyon'w nan yon imaj.
* Ekri yon nòt, powèm, oswa yon chan sou kijan ou santi'w lè yon moun ap takine ou.

(Premye Ane) 1803- Libète Nwa: : Repons elèv yo pou paj 5

Key Ideas and Details

Tell students historical events may or may not be described in the order they happened, but are often connected in some way.

1. How does the picture on page 8 helps you understand the information in "1803-The Haitian Flag?"

_____

_____

_____

_____

2. How did Dessalines' family ties helped with the making of the Haitian flag?

_____

_____

_____

_____

3. The author says the Haitians were the first group of blacks in the entire world to put a stop to slavery. How might the Haitians' lives have been different if they didn't have Dessalines as a leader?

_____

_____

_____

_____

Craft and Structure

Understanding what an author wants to explain or describe will help you find the main purpose of a text.

1. Which sentence from the article **best** shows what the author wants to explain?
   (A) "The school is going to celebrate Haitian Flag Day
   (B) "On May 18th, 1803, in the city of Archaie, Catherine Flon sewed the first Haitian flag."
   (C) "How important it is to learn about who they are and where their family comes from."
   (D) "The Coat of Arms, which was designed by Haiti's president Alexandre Petion in 1806."

2. Give two details from the story that helped you figure out your answer for number 1.

_____

_____

_____

_____

_____

_____

_____

Integration of Knowledge

Use information from pictures and words in a story to help you better understand the characters, setting, and plot.

1. This question has two parts. First answer Part A. Then answer Part B

   Part A

   What does the picture on page 12 show?

   Ⓐ The different skin tones of Haitians

   Ⓑ The places Haitian people travel

   Ⓒ The impact the Haitian flag had on other nations

   Ⓓ The Haitian people are loved around the world

   Part B

   Write **two** details from the story that match what is shown in the picture.

   _____

   _____

   _____

   _____

   _____

   _____

   _____

   _____

   _____

   _____

   _____

Lide Kle ak Detay

Di elèv yo evènman istorik ka oswa pa ka dekri nan lòd yo te rive a, men yo souvan konekte nan kèk fason.

1. Ki jan foto ki nan paj 8 la ede ou konprann enfòmasyon ki nan "1803-Drapo Ayisyen an ?"

_____

_____

_____

2 . Kijan fanmi Desalin yo te ede avèk kreyasyon drapo Ayisyen an?

_____

_____

_____

_____

3. Otè a di Ayisyen yo se te premye gwoup nwa nan tout mond lan ki te mete yon arè nan esklavaj. Ki jan lavi Ayisyen yo ta diferan si yo pat gen Desalin kòm lidè yo?

_____

_____

_____

_____

Atizana ak Estrikti

Konprann sa yon otè vle eksplike oswa dekri pral ede'w jwenn objektif prensipal yon tèks.

1. Ki fraz nan atik la ki **pi byen** montre sa otè a vle eksplike?

Ⓐ "Lekòl la pral selebre Jou drapo Ayisyen an"

Ⓑ " Nan jou 18 Me, 1803, nan vil Akayè , Katrin Flon koud premye drapo Ayisyen an."

Ⓒ "Ki jan li enpòtan pou aprann sou kiyès yo ye epi ki kote fanmi yo soti."

Ⓓ "Manto nan mitan drapo a, ki te kreye pa prezidan Ayiti Alekzand Petyon nan 1806."

2. Bay de detay ki soti nan istwa a ki te ede ou evalye repons ou pou nimewo 1 an.

_____

_____

_____

_____

_____

_____

Entegrasyon nan Konesans

Itilize enfòmasyon ki soti nan foto ak mo nan yon istwa a pou ede ou pi byen konprann karaktè, anviwònman, ak konplo.

1. Kesyon sa a gen de pati. Reponn premye repons Pati A. Aprè sa a reponn Pati B.

Pati A

Kisa foto ki nan paj 12 la montre?

- Ⓐ Diferan koulè po Ayisyen yo
- Ⓑ Kote pèp Ayisyen yo vwayaje
- Ⓒ Enpak drapo Ayisyen an te genyen sou lòt nasyon yo
- Ⓓ Yo renmen pèp Ayisyen an atravè mond lan

Pati B

Ekri **de** detay ki soti nan istwa a ki koresponn ak sa ki montre nan foto a.

_____

_____

_____

_____

_____

_____

_____

_____

_____

_____

_____

_____

_____

Response Journal

READ, WRITE, AND REFLECT

Name:_____   Date:_____

Explain how you would feel if each member of your family were sent to different parts of the world, and you were separated from them forever.

_____

_____

_____

_____

How do you feel about slavery? What do you know about it?

_____

_____

_____

_____

_____

<u>Choose one of the following responses:</u>
 *Draw whatever comes to mind when you think about slavery.
 *Write a poem or song about your knowledge of slavery.

(2nd Grade) 1803-The Haitian Flag: Student Journal Response to Page 3-4

Jounal Repons lan
LI, EKRI, E REFLECHI

Non: _____ **Dat:** _____

Eksplike kijan ou t'ap santi ou si yo te voye chak manm nan fanmi' w nan diferan pati nan mond la, e ou te separe ak fanmi ou pou tout tan.

_____
_____
_____
_____
_____

Ki jan ou santi ou sou sijè esklavaj la? Kisa ou konnen sou li?

_____
_____
_____
_____
_____

Chwazi youn nan repons sa yo:
* Trase tout sa ki vini nan lespri w lè ou panse ak esklavaj .
* Ekri yon powèm oswa yon chante sou konesans ke ou genyen sou sijè esklavaj la .

(Dezyèm Ane) 1803-Drapo Ayisyen an: Repons elèv yo pou paj 3-4

Key Ideas and Details

1. Put the steps it took for Pouchon to make the soccer team in the correct order. Write the numbers 1-5 on the line before each sentence.

_____ Pouchon learns about how Francois Capois did not allow fear to control him.

_____ Liberis tells Pouchon that soccer or any sport is 90% mental preparation and 10% physical.

_____ Pouchon is intimidated by the students who signed up for the soccer tryouts.

_____ Liberis watches soccer films with Pouchon and helps him train for two weeks.

_____ Pouchon jumps for joy and begins to celebrate his accomplishment.

Craft and Structure

Describing the special ways that authors use words and sounds will help you get more meaning from stories.

1. On page 16, the author mentions that Capois shouted "Always forward! Forward!" Which answer **best** explains why these words are repeated?

Ⓐ To show that Capois was angry.
Ⓑ To show that Capois had to scream for the soldiers to hear him.
Ⓒ To show that Capois was fearless and passionate about the battle.
Ⓓ To show that Capois was frightened.

2. On page 19, choose **two** examples of alliteration in the story. Tell how they add to the meaning.

_____
_____
_____
_____
_____

Integration of Knowledge

1. How does the picture on page 18 help you understand the meaning of respect?
Ⓐ It shows that the French army was afraid of Capois.
Ⓑ It shows that although they were in a battle, the French General stopped to honor Capois.
Ⓒ It shows that the French soldiers had sympathy and wanted to replace Capois' injured horse.
Ⓓ It shows that distracting Capois was the only way the French army felt they could capture him.

2. How do the text and illustration on page 15 help you understand the meaning of "bravery"?

_____
_____
_____
_____
_____
_____

Lide Kle ak Detay

1. Mete etap sa te pran pou Pouchon te rantre nan ekip foutbòl la nan lòd kòrèk. Ekri nimewo 1-5 sou liy lan anvan chak fraz.

_____ Pouchon aprann ke Franswa Kapwa pa t pèmèt laperèz kontwole l.

_____ Liberis di Pouchon ke foutbòl oswa nenpòt espò se 90% preparasyon mantal ak 10% fizik.

_____ Pouchon te entimide pa elèv yo ki te vin siyen pou chanpyona foutbòl la.

_____ Liberis te gade fim foutbòl ak Pouchon epi li te ede l antrene pandan de semèn.

_____ Pouchon sote ak kè kontan epi kòmanse selebre akonplisman li.

Atizana ak Estrikti

Lè ou dekri fason espesyal ke otè yo itilize mo ak son yo ap ede ou jwenn plis sans nan istwa.

1. Nan paj 16, otè a mansyone ke Kapwa rele "Toujou annavan! annavan! Ki repons ki eksplike **pi byen** poukisa pawòl sa yo repete?

Ⓐ Pou montre ke Kapwa te fache.

Ⓑ Pou montre ke Kapwa te dwe rele pou sòlda yo tande l '.

Ⓒ Pou montre ke Kapwa pat pè e pasyone sou batay la.

Ⓓ Pou montre ke Kapwa te pè.

2. Nan paj 19, chwazi **de** egzanp aliterasyon nan istwa a. Di ki jan yo ajoute nan siyifikasyon an.

_____
_____
_____
_____
_____
_____
_____
_____
_____
_____
_____
_____
_____
_____

Entegrasyon nan Konesans

1. Ki jan foto ki nan paj 18 ede ou konprann siyifikasyon respè?

(A) Li montre ke lame Fransè a te pè Kapwa.

(B) Li montre ke byenke yo te nan yon batay, Jeneral Frans la kanpe pou li onore Kapwa.

(C) Li montre ke sòlda Fransè yo te gen senpati epi yo te vle ranplase chwal Kapwa ki te blese a.

(D) Li montre ke sèl fason lame Fransè a te santi yo te kapab pran Kapwa se te distrè'l.

2. Kijan tèks la ak ilistrasyon nan paj 15 nan ede ou konprann siyifikasyon "brav"?

_____
_____
_____
_____
_____
_____
_____
_____
_____
_____
_____
_____

Response Journal

Name:_____ Date:_____

Do you believe you have any type of connections with events that happened long time ago in history? Why or not?

_____
_____
_____
_____
_____
_____

Choose one of the following responses:
*Complete the KWL chart about your family's history. Ask your parents or guardians questions in the W column so you can complete L column. Once all the columns are complete, write a reflection paragraph, poem, song, or picture book using all the information from the chart.

K (what I know)	W (what I want to know)	L (what I learned)

**Write the reflection on the next page.

(2nd Gr.) 1803-Black Freedom: Student Journal Response to Pg. 6-7

Jounal Repons lan
LI, EKRI, E REFLECHI

Non: _____   Dat: _____

Èske ou panse ou gen nenpòt ki kalite koneksyon avèk evènman ki te rive lontan nan istwa? Poukisa ou pa?

_____
_____
_____
_____
_____
_____

Chwazi youn nan repons sa yo:

*Ranpli tablo KWL la sou istwa fanmi ou. Mande paran ou oswa gadyen kesyon nan kolòn W lan pou ou ka ranpli kolòn L. Lè tout kolòn yo konplè, ekri yon paragraf refleksyon, powèm, chan, oswa liv foto avèk tout enfòmasyon ki soti nan tablo a.

K (sa mwen konnen)	W (sa mwen vle konnen)	L (sa mwen te aprann)

** ekri refleksyon an nan lòt paj la.

(Dezyèm Ane) 1803- Libète Nwa: : Repons elèv yo pou paj 6-7

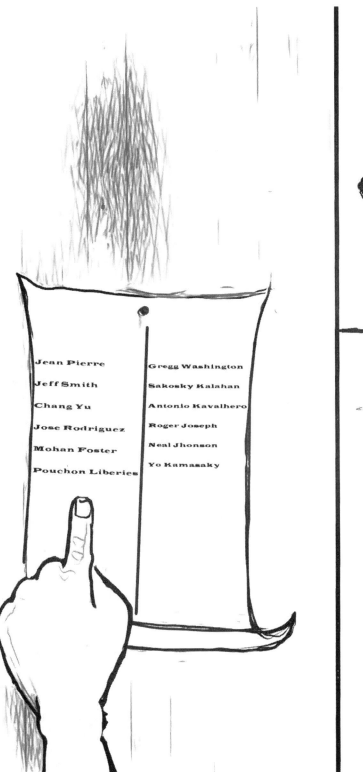

Jean Pierre   Gregg Washington

Jeff Smith   Sakosky Kalahan

Chang Yu   Antonio Kavalhero

Jose Rodriguez   Roger Joseph

Mohan Foster   Neal Jhonson

Pouchon Liberies   Yo Kamasaky

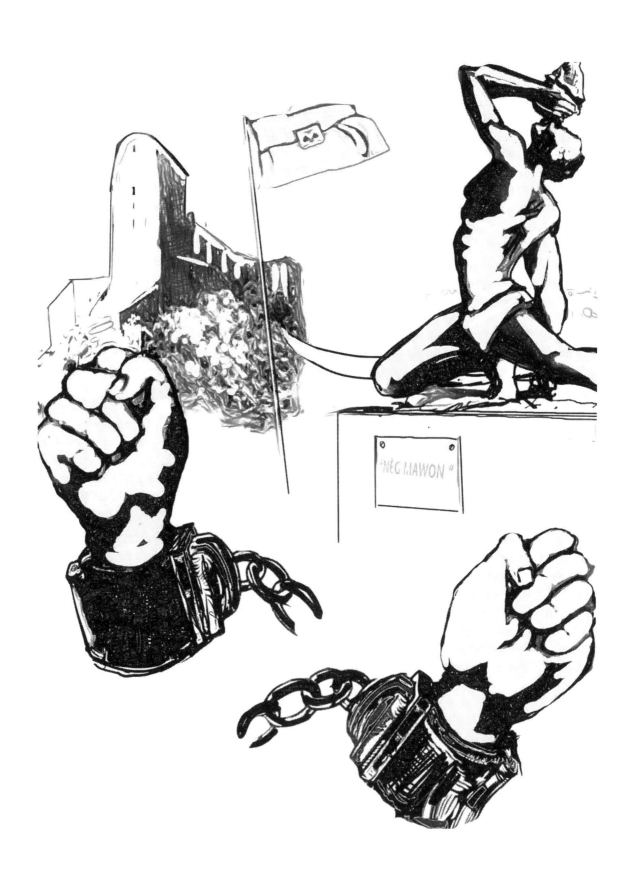

Made in the USA
Middletown, DE
17 August 2022

70679025R00031